THÈSE

POUR LA LICENCE.

L'acte public sur les matières ci-après sera soutenu le mercredi 24 août 1842 à 7 heures du matin,

PAR Antoine-Joseph-Auguste AVOND,

né à Paulhaguet (Haute-Loire).

PRÉSIDENT, M. DUCAURROY, PROFESSEUR.

SUFFRAGANTS.	MM. BERRIAT-St-PRIX, ROSSI, ORTOLAN, COLMET,	PROFESSEURS. SUPPLÉANT.

Le candidat répondra en outre aux questions qui lui seront faites sur les autres matières de l'enseignement.

PARIS,

IMPRIMERIE DE MOQUET ET HAUQUELIN,
RUE DE LA HARPE, 90.

1842

À ma Famille.

———

A M. CH. LESSEPS,

Rédacteur en chef du COMMERCE.

Témoignage sincère de reconnaissance et d'affection.

JUS ROMANUM.

QUANDO DIES LEGATORUM VEL FIDEICOMMISSORUM CEDAT.

(Dig. lib. 36, tit. 2.)

QUANDO DIES USUS FRUCTUS LEGATI CEDAT.

(Lib. 7, tit. 3.)

1. *Quinam sit diei cedentis effectus.*

Is est diei cedentis effectus ut si post diem legati cedentem, legatarius decesserit, ad heredem legatum transferat.

Rursus res prestatur talis qualis erat cum dies cesserit : quidquid autem incrementi vel detrimenti accesserit seu casu seu testamento, legatario nocet vel prodest.

Igitur si peculium legatum fuerit, sine dubio, quidquid peculio accedit vel decedit, vivo testatore, legatarii lucro vel damno est. Quod, si post mortem testatoris, ante aditam hereditatem, servus acquisierit, si quidem ipsi manumisso peculium legatum fuerit, omne quod ante aditam hereditatem acquisitum est legatario obvenit, quia dies hujus legati ab adita hereditate cedit; sed si extraneo legatum fuerit peculium non cedunt ea legato, nisi ex rebus peculiaribus auctum fuerit, puta : ex partu ancillarum peculiarium, fœtuve pecorum.

Item si filio familias vel servo legatum sit, ei adquiritur in cujus potestate invenitur tempore quo dies legati cedit. Igitur si servo heredis scripti aliquid fuerit legatum, cum apud heredem dies legati cedat, legatum inutile fit, quamvis ab herede servus alienatus fuerit ante aditam hereditatem.

Non autem cum veteribus interpretibus puto admittendum, dominium rei legatæ ex die cedente legatario adquiri meâ sententiâ ab adita tantum hereditate res fit legatarii.

II. *De legatis pure factis.*

Jure quod ante leges Juliam et Papiam Poppæam viguit, legati dies a morte testatoris cedebat; sed post illas leges ab apertis tabulis cedere cœpit ut quæ medio tempore deficerent, essent lucro eorum qui jus habebant caduca vindicandi. Cum autem de fideicommissis leges tacuissent, diem eorum ex morte defuncti cessisse non dubitandum est. Ubi autem caduca sublata fuerunt, jus antiquum rursus vigere cœpit. Itaque si pure vel in diem certam relictum sit legatum, ex tempore mortis dies ejus cedit.

III. *De conditionali legato.*

Conditionalis legati dies non cedit statim a mortis tempore, sed cum conditio extiterit nequidem si ea sit conditio in potestate sit legatarii, quia non certum est debitum iri.

Dies incertus pro conditione habetur. Non incertus est solum, quum incertum est an extiturus sit sed et quum certò quidem existet, quando vero existet et an vivo legatario extiturus sit incertum est. Ut puta : si filius morietur ante pubertatem. Si vero cum filius morietur, ei legetur, sane dies incertus est : non tamen facit conditionem, quia certum est, vivo legatario,

extiturum fore, quum tempus mortis ultimo vitæ momento de-
putetur.

Quod pure datum est, si sub conditione adimatur, quasi sub
conditione legatum habetur.

Conditiones quæ extrinsecus non ex testamento veniunt sci-
licet quæ tacite inesse videntur, non legata faciunt conditionalia.
Idem dicendum de his quas prætor remittit, idemque et de
impossibili conditione. Si quæ conditio sit, quæ per legatarium
non stat quominus impleatur sed aut per heredem aut per ejus
personam in cujus persona jussus est parere conditioni, dies legati cedit, quoniam pro impleta habetur.

IV. *De legato usufructu.*

Jure singulari reguntur legata ac fideicommissa earum rerum
quæ personæ cohærent, nec ad heredem transeunt itaque si pure
sit ususfructus legatus, vel usus, vel habitatio, neque eorum
dies ante aditam hereditatem cedit, neque ad heredem petitio
transit. Etenim omnia legata per aditionem hereditatis confir-
mantur, et ab eâ pendent. Si ergo dies eorum cedit ex die mortis
testatoris, hoc fit, ut legatarii interim morientes possint, ad heredes suos legatum transmitterre, nec possit heres eis nocere dum
differret adire hereditatem. Quum autem hæc ratio cesset in legatis quibus legatum ad heredes transmitti nequit, inutile est
diei cessionem ante aditam hereditatem retroducere.

V. *De legato servo relicto.*

Est et alia species relictorum quorum dies non ante aditam
hereditatem cedit, ut puta: Si servis testamento manumissis aut
legatis aliquid legatum sit, quod consequens est. Nam ante aditam hereditatem, servus non habet alium dominum quam hereditatem, non potest igitur hereditati quod ab ipsa legatum est,

acquirere. — Quum repugnet emolumentum legati et obligationem legati in eamdem personam concurrere. Verum hæc non metuenda sunt, si dies, adita hereditate, tantummodo cedat, ita ut aut servo manumisso aut servi legatario acquiratur legatum.

Si per fidei commissum servo relicta sit libertas, legati huic servo relicti non dies cedit ante libertatem , quæ quasi conditio videtur.

VI. *De quibusdam legatis.*

Sunt aliæ species legatorum quæ jus singulare accipient circa diem quo cedunt.

De annuis legatis. — I. Cum in annos singulos legetur non unum |legatum, sed plura esse constat, nec semel diem cedere, sed per singulos annos; nec referts inguli aurei in annos singulos legentur, an in annum primum mille aurei, in secundum homo, in tertium fromentum. Hoc legatum primi anni purum est, sequentium conditionale. Videtur enim hanc inesse conditionem : si vivat legatarius ; et ideo mortuo eo ad heredem legatum non transit. Utrum an initio cujusque anni, an vero finito anno cedat, quæstionis fuit : responderunt jurisconsulti initio cujusque anni legati diem cedere.

Legatum annuum, quum civitati relinquitur in æternum durat.

De genere legato. 2° Si homo generaliter sit legatus ex die mortis ad heredem legatum transit.

De optione legata. 3° Jure Pandectarum dies optionis legatæ non prius cedit quand optaverit legatarius, quum nihil sit legatum ubi nihil optatum fuerit.

De alternativo legato. 4° Quum duæ aut plures res alternative relicitæ sunt, dies non cedit, quandiu vel circa unum incertum est an debebitur, nulla ex hoc legato debetur. Itaque cum ita legatum est : Stichum vel quod ex Pamphila natum erit heres meus dato, non ante dies ejus legati cedit quam aliquid ex Pamphila natum erit, aut certum fuerit nasci non posse.

QUESTIONES.

1° **An** legatarius per damnationem qui nondum agnito legato decedit, actionem ex testamento heredibus suis transmittat? — Transmittit.

2° An conciliari possint leges 28 *quando dies legatorum,* 68, § 3, de legatis 3°? — Conciliari possunt.

3° **An** conciliari possunt leges 15, *quando dies legatorum* 11, § 11, de legatis 3°? conciliari possunt.

DROIT FRANÇAIS.

> Que les Français ne reçoivent la loi que de la raison et de la nature.... Si la nature a établi l'égalité d'homme à homme à plus forte raison de frère à frère.
>
> (TESTAMENT POLITIQUE DE MIRABEAU.)

> Les substitutions étaient contraires à l'intérêt de l'agriculture, aux bonnes mœurs, à la raison; personne ne pense à les rétablir. (Napoléon, séance du 7 pluviose an II.

DES SUBSTITUTIONS.

PREMIÈRE PARTIE.

Notions préliminaires sur les substitutions.—Des substitutions en droit romain.—Des substitutions sous la féodalité. — Des substitutions sous l'empire des ordonnances de 1560, de 1566 et de 1747. — Abolition des substitutions.

Il y avait dans le droit romain et dans notre ancienne jurisprudence des dispositions qui avaient le caractère de la donation, de l'institution d'héritier ou du simple legs, mais qui en différaient néanmoins sous plusieurs rapports. Ces dispositions, qui étaient d'un fréquent usage dans les familles opulentes, se nommaient *substitutions*. Elles ont été abolies en principe par le Code (art. 896).

La législation sur les substitutions est curieuse et importante : nous allons essayer d'en tracer l'histoire, en interrogeant tour à tour le droit romain, les coutumes, les ordonnances de 1560, de 1566 et de 1747, les lois d'octobre et novembre 1792 et enfin le Code civil et la loi du 17 mai 1826. Parlons d'abord du droit romain.

SECTION PREMIÈRE.

DES SUBSTITUTIONS EN DROIT ROMAIN.

Le mot substitution, dans le langage du droit romain, vient de *institutio sub*, institution en sous-ordre, c'est-à-dire institution subordonnée à une autre institution, dont elle dépend. La substitution vulgaire fut imaginée sans doute par la crainte qu'avait le citoyen romain de mourir intestat. Son but était d'assurer un héritier au testateur. Pour l'atteindre plus sûrement, on substituait un esclave, qui, dans le cas où les premiers institués ne recueillaient pas, devenait héritier nécessaire.

Après la substitution vulgaire, vint la *substitution pupillaire*, laquelle était une institution d'héritier que le père faisait pour le fils qu'il avait sous sa puissance et pour le cas où celui-ci viendrait à mourir pupille.

Une troisième substitution, dite *substitution exemplaire*, fut introduite par Justinien. Elle permettait au père de nommer un héritier à son fils furieux ou en démence pour le cas où il mourrait avant d'avoir recouvré la raison. On l'appelait exemplaire (*exempli causá*), à cause de son analogie avec la substitution pupillaire.

Les substitutions pupillaire et exemplaire ont été abolies par l'art. 61 de la loi du 17 nivôse an II.

Le Code civil n'ayant pas consacré leur existence par une disposition expresse, l'abrogation de ces dispositions subsiste donc. Elle résulte d'ailleurs de la nature même de notre législation. Quant à la substitution vulgaire, elle existe encore aujourd'hui, car le Code dit formellement que la disposition qui appelle un héritier à défaut d'un autre, ne sera pas considérée comme une substitution prohibée (898). — Il y avait enfin une disposition que l'on appelait en droit romain *fideicommis* (fideicommissum). On peut y voir l'origine des substitutions prohibées de notre code.

Ulpien définit le fideicommis : *quod non civilibus verbis sed precative relinquitur...* et Vinnius le définit à son tour : *fidei commissum est id omne de quo quis suprema defuncti voluntate rogatus est ut daret vel faceret.*

2

L'origine des fidéicommis est très-ancienne. Ils ne furent pas obligatoires jusqu'à Auguste. Leur exécution était confiée à l'honneur et à la probité de ceux qui en étaient chargés. Mais la bonne foi ayant perdu de son empire, des consuls furent chargés de veiller à l'exécution de ces sortes de dispositions.

Selon les auteurs, deux circonstances avaient donné lieu aux fideicommis : 1o l'impossibilité où se trouvaient certaines personnes de faire leur testament à raison du manque de citoyens romains, ce qui les obligeait de se confier à la bonne foi d'un tiers pour transmettre indirectement ce qu'elles ne pouvaient laisser directement ; 2o le désir de disposer en faveur de personnes qu'on ne pouvait instituer héritiers ou gratifier d'un legs, comme les déportés, ceux qui étaient de la condition des *dediʲii*, des latins *Juniani*, et surtout le désir de disposer en faveur de personnes frappées d'incapacité par une loi spéciale, comme les veufs et les célibataires à raison de la loi Julia, les femmes et les filles déshéritées par la loi Voconia. Tels furent les premiers motifs qui firent rendre les fideicommis. Dans la suite on les étendit à des personnes capables de recevoir, et que le testateur appelait à son hérédité dans l'ordre de ses affections.

A dater de ce moment, de nombreux changements survinrent dans la manière dont furent faits les fideicommis. D'abord les personnes qui faisaient des fideicommis chargeaient de remettre après leur mort les biens qu'elles donnaient. Dans la suite les grevés de fideicommis purent, selon l'intention du donateur, ne remettre les biens qu'après leur propre mort.

Nous verrons que c'est là un des caractères de la substitution prohibée. On ne s'arrêta pas là : les fideicommis devinrent peu à peu graduels, et on s'en servit pour perpétuer les biens dans les familles, en les transmettant d'un premier successeur à un second, d'un second à un troisième, ainsi de suite. La durée des fideicommis fut indéfinie, jusqu'à ce que Justinien les eût limités à quatre degrés par sa novelle 159.

Telle fut l'origine et l'histoire des substitutions en droit romain. Nous montrerons plus tard en quoi elles se rapprochent et en quoi elles diffèrent des substitutions prohibées et des substitutions permises, écrites dans nos codes. Bornons-nous à constater dès à présent qu'il y avait ordinairement dans les substitutions fidéicommisaires des Romains, 1° transmission, ce qu'on appelle *ordo successionis*; 2° trait de temps, *tractus temporis*;

SECTION II.

DES SUBSTITUTIONS SOUS LA FÉODALITÉ.

Le principe des substitutions que nous venons de voir écrit dans les lois romaines devait prendre une nouvelle force dans le droit coutumier. Nous ne rechercherons pas jusqu'à quel point le droit romain avait exercé son influence sur le droit coutumier. Cette question a divisé les esprits. On est toutefois à peu près d'accord sur ce point, que les coutumes dérivent pour la plupart en droite ligne de la féodalité. Quelques auteurs se sont crus pourtant en droit d'affirmer que certaines coutumes venaient du droit romain; ils ont dit, par exemple : En droit romain, la législation sur les substitutions existait, et on la retrouve dans les principales coutumes ; ils en ont tiré la conséquence que les coutumes les avaient empruntées au droit romain. Sans rechercher le plus ou le moins de fondement de cette assertion, on pourrait dire que la législation sur les substitutions, telle qu'elle existait sous la féodalité, découlait plutôt de la constitution même de la société à cette époque que d'une réminiscence du droit romain. Deux mots à ce sujet :

Les rois de la première et de la deuxième race, représentant les chefs de l'invasion, avaient donné à leurs fidèles de vastes possessions faisant partie de leurs domaines, à la charge du service militaire. Ces biens s'appelaient *bénéfices* (bona fiscalia). Ces bénéfices étaient temporaires, révocables, presque toujours viagers. Nous verrons plus tard que les majorats avaient plus d'un point de contact avec cette disposition.

Les biens étaient divisés à cette époque en bien libres et en bénéfices. Une transformation ne tarda pas à s'opérer dans cet état de choses. Les possesseurs de bénéfices voulurent les conserver et les transmettre à leurs héritiers. Les bénéfices, de personnels qu'ils étaient, devinrent réels. Les fiefs et arrière-fiefs furent héréditaires. La noblesse s'organisa en quelques années. Le principe héréditaire fut immobilisé au profit de certaines familles et de certains enfants de ces familles. La féodalité grandissant à vue d'œil, tout prit bientôt le caractère de fief, le droit de chasse, le droit de pêche, le droit de cuire son pain, etc., etc. L'homme était asservi. La force, le droit, la puissance, allaient être pendant plusieurs siècles inféodés au territoire.

Comme on le voit, la féodalité avait modifié profondément la société; la force s'était insurgée contre le droit, et la condition d'existence de la noblesse était dorénavant dans le nombre de ses vassaux, dans l'étendue de ses terres, dans les revenus qu'elle prélevait. En présence d'une pareille organisation sociale, il fallait prendre toutes les mesures qui pouvaient assurer aux grandes maisons leur ascendant, leur suprématie, il fallait rivaliser contre des voisins ambitieux et puissants. Personne n'ignore le rôle que les grandes familles jouaient alors dans l'État. Personne non plus n'ignore les guerres incessantes que les seigneurs se faisaient entre eux : les rivalités des maisons de Bourgogne et de Lorraine sont un des mille traits de cette période.

Le meilleur moyen de laisser aux grandes maisons leur force, leur éclat, était de constituer sur une seule tête toutes les richesses et toute l'influence : de là les substitutions, de là aussi le droit d'aînesse, le droit de masculinité, droits qui assuraient à l'enfant mâle la plus grande partie de l'héritage du père, au détriment de ses autres frères et sœurs. Les cadets auxquels on donnait un apanage en devaient presque toujours l'hommage à leur aîné, et les filles dans leur contrat de mariage renonçaient à la succession de leur père et mère. Le principe d'aristocratie foncière généralisa les substitutions fidéicommissaires à l'infini. Le chef de la famille mettait sa volonté au-dessus de la loi pour la transmission de tout ou partie de sa succession, et se créait ainsi, relativement à ses biens, une espèce de *statu quo* perpétuel. Les substitutions étaient en vigueur dans un grand nombre de coutumes. Cet état de choses se maintint dans toute sa force aussi longtemps que la féodalité. Mais les institutions changent avec les causes qui les font naître. La société prenant une autre face, le principe des substitutions devait s'amoindrir pour disparaître ensuite.

SECTION III.

DES SUBSTITUTIONS SOUS L'EMPIRE DES ORDONNANCES DE 1560, 1566, 1747.

Le jour où le pouvoir royal se trouva assez hardi pour attaquer de front la féodalité, il dut employer tous les moyens pour arriver à ce but : les communes furent affranchies, le grand principe de la nationalité commença à percer ; des ordonances modifièrent le droit coutumier dans quelques-unes de ses dispositions secondaires, et enfin on vit arriver le moment où, soit par des considérations d'équité, d'intérêt public, soit par des considérations politiques, des ordonnances vinrent mettre une limite aux prétentions des seigneurs. L'ordonnance d'Orléans (1560) portait « qu'à l'avenir les substitutions ne pour- » raient excéder deux degrés de transmission, sans cependant « comprendre la transmission du donateur au donataire. » Cette mesure était sage, mais elle était incomplète, car elle laissait subsister dans tous leurs effets les dispositions antérieures. Ce ne fut que six ans plus tard que l'ordonnance de Moulins (1566) coupa le mal dans sa racine. Le rédacteur de cette ordonnance, sans être touché des effets rétroactifs qu'elle allait opérer, décida « qu'à l'ave- « nir les substitutions antérieures à 1560 s'étendraient au qua- trième degré. » Les parlements ne comprirent pas ou ne voulu- rent pas comprendre la portée de l'ordonnance de 1566. Ils jugè- rent que l'ordonnance de 1566 avait aboli celle 1560, et décla- rèrent « qu'à l'avenir les substitutions pourraient être faites jus- « qu'au quatrième degré. » Les choses se passèrent ainsi jusqu'à ce que l'illustre chancelier d'Aguesseau rendit son ordonnance sur les substitutions (1747).

Cette ordonnance portait, titre Ier, art. 30 : « L'ordonnance » d'Orléans sera exécutée ; en conséquence toutes les substitu- » tions faites par contrats de mariage etc., en quelque termes » qu'elles soient faites, ne pourront s'étendre au-delà du » deuxième degré. »

Ce système était-il bon ? Nous le dirons tout à l'heure. Quoi qu'il en soit, d'Aguesseau, lui-même signalait dans le préam- bule de son ordonnance tous les inconvénients que présentaient les substitutions : « L'abrogation de tout fidéicommis serait peut- « être, disait-il, la meilleure de toutes les lois ; mais, pour y « parvenir, il faudrait réformer toutes les têtes. » C'était donc en vue des nécessités de l'époque que d'Aguesseau maintenait le principe des substitutions.

SECTION IV.

ABOLITION DES SUBSTITUTIONS.

La féodalité avait été la réaction de la force contre le droit ; la monarchie absolue avait été la réaction de l'unité despotique contre la féodalité. La révolution de 89 fut la réaction du droit et de l'égalité contre la féodalité et la monarchie absolue. Elle abolit tous les privilèges, toutes les exclusions ; mit un niveau

parfait entre les personnes, et s'occupa ensuite de la propriété.
Les premières lois à cet égard furent la loi sur le partage des suc-
cessions, sur la division des propriétés, sur la constitution de la
famille.

Les droits d'aînesse et de masculinité furent abolis par un décret du 15 mars 1790.

Un décret du 8 avril 1791 effaçait les inégalités de partage.
La main-morte était abolie. Le grand principe de la mobilisa-
tion et de la multiplicité des propriétaires était proclamé.

Peu de temps après, Mirabeau expirait en s'écriant : « Si la
» nature a établi l'égalité d'homme à homme, à plus forte raison
» de frère à frère. » Les paroles de Mirabeau étaient dans tous
les cœurs. Elles reçurent une sanction solennelle par la loi du 14
octobre 1792 qui portait, art. 1 : «Toutes substitutions sont inter-
» dites et prohibées. Art. 2: Les substitutions faites avant la pu-
» blication de la présente loi et non encore ouvertes demeureront
» sans effet. »

Les choses restèrent dans cet état jusqu'à la publication du code.

Avant d'aborder la législation actuelle sur les substitutions,
qu'on nous permette de dire quelques mots sur les inconvénients
des substitutions et sur les raisons qui ont dû les faire abolir en
1792.

Les substitutions nous paraissent injustes, contraires à l'agriculture, au commerce, à la famille, à la société tout entière.

1° Ces lois, conçues en vue de l'intérêt exclusif du plus fort,
du plus puissant, étaient injustes, car elles permettaient au père
de famille de déshériter, ou à peu près, ses enfants au profit
d'un aîné de famille, qui suivait à son tour l'exemple de son
père et ainsi de suite à l'infini. Elles étaient injustes parce qu'elles
assuraient seulement le droit du plus fort.

2° Elles étaient contraires à l'agriculture, car les biens se détériorent entre les mains du grevé ; en effet, le sentiment de la pleine propriété engage le propriétaire à défricher et à exploiter convenablement les biens.

3₀ Elles étaient contraires à l'industrie; car l'industrie a besoin de la circulation des capitaux ; c'est la transmission fréquente et facile de la qualité de propriétaire qui en favorise l'essor, en se prêtant à tous les calculs, à toutes les combinaisons, à toutes les entreprises individuelles, à toutes les transactions.

4o Elles étaient contraires au commerce, car le commerce base sa prospérité sur le crédit public, sur la sécurité générale ; or les biens affectés à des substitutions donnent au grevé une appa-rence de fortune qui trompe souvent les créanciers et les rend victimes de leur confiance. Cela est si vrai que dans chaque famille, comme le dit Bigot de Préameneu, le passage d'une génération était marqué par une faillite honteuse.

5° La société souffrait des substitutions, car l'ordre des succes-sions était interverti.

6o Enfin les substitutions jettaient la perturbation dans les fa-milles et créaient des jalousies et des inimitiés ardentes là où devrait régner une confraternité parfaite.

Tels sont les inconvénients des substitutions, inconvénients qui les firent abroger en 1792.

DEUXIÈME PARTIE.

DES SUBSTITUTIONS SOUS L'EMPIRE DU CODE CIVIL.

Comme nous l'avons dit en commençant cette thèse, le code civil prohibe en principe les substitutions en posant cependant des exceptions à ce principe, exceptions que nous développerons successivement.

SECTION I.

DES SUBSTITUTIONS PROHIBÉES.

L'article 896 pose en principe que « toute disposition par la-
» quelle le donataire, l'héritier institué, ou le légataire, sera
» chargé de conserver et de rendre, sera nulle même à l'égard du
» donataire, de l'héritier institué ou du légataire.»

Les trois caractères des substitutions prohibées sont donc :
1° Une double transmission de biens (*ordo successionis*) ; 2° trait
de temps entre la première institution et la transmission (*tractus temporis*) ; 3° éventualité, c'est-à-dire incertitude. Ces trois
caractères existaient, comme nous avons eu occasion de le faire
déjà observer, dans les fidéi-commis en droit romain.

Mais suffit-il qu'il y ait charge de conserver et de rendre pour
qu'il y ait substitution? Les legs conditionnels sont permis par
le code ; l'héritier est bien chargé de les conserver et de les ren·
dre. Comment distinguer ces legs des substitutions? 1° Dans les
legs, la chose a été donnée au légataire et non à l'héritier. Dans
les substitutions, deux personnes sont gratifiées ; il y a double
institution. 2° Dans les legs conditionnels, l'événement de la
condition a un effet rétroactif au jour du décès ; dans les substitutions, la personne grevée est propriétaire jusqu'à l'ouverture
du droit des appelés : il y a ce qu'on appelle trait de temps.
3° Enfin il peut ne point se trouver d'appelés au jour de l'ouverture de la substitution, et par là le grevé est devenu propriétaire incommutable ; ce troisième caractère est celui de l'éventualité, tandis que dans les legs il faut que le légataire soit conçu
au moment de la mort du testateur ; il y a donc seulement substitution, quand il y a propriété avec charge de conserver et de
rendre.

SECTION II.

Le code civil a aboli en principe les substitutions ; mais il a cru devoir admettre des exceptions à cette règle dans certains cas. Le législateur a pensé qu'il pourrait se faire qu'un père de famille eût à se plaindre gravement de son fils ; il a pensé que ce fils pourrait être dissipateur, et qu'il fallait dès lors trouver un moyen d'assurer aux petits-fils ce qu'on refusait au père. Dans la plupart des législations et dans la nôtre, jusqu'au dernier temps, le père trouvait dans l'exhérédation un des plus sûrs moyens de prévenir et de punir les fautes des enfants ; mais, en mettant cette arme terrible entre les mains des pères et mères, on ne songeait guère qu'à la vengeance, et point du tout aux sentiments d'humanité qui doivent se trouver dans le cœur des parents.

La peine portée contre le père coupable s'étendait à la postérité. — L'exhérédation devant être repoussée de nos Codes, on songea à donner au père le droit de réduire l'enfant coupable à la simple disposition de l'usufruit, en laissant la propriété aux enfants nés ou à naître ; mais cette disposition présentant de nouveaux inconvénients, on s'arrêta aux résolutions formulées dans les articles 897 ou 1048 et 1049.

D'après ces deux derniers articles, les substitutions sont permises en ligne directe en faveur des père et mère, et en ligne collatérale en faveur des frères et sœurs. — Ils ont la faculté de donner tous leurs biens disponibles à un ou plusieurs de leurs enfants, à un ou plusieurs de leurs frères ou sœurs, avec charge de rendre, pourvu que dans ce dernier cas, le disposant décède sans postérité.

Le profit de cette charge de restitution doit s'étendre *à tous les enfants nés ou à naître* du donataire, au premier degré seulement, *sans exception* ni préférence d'âge ni de sexe ; et si l'un d'eux vient à décéder, avant le grevé d'institution, en laissant lui-même des descendants, ceux-ci recueillent sa portion par représentation.

SECTION III.

LOI DU 17 MAI 1826 SUR LES SUBSTITUTIONS

La loi du 17 mai 1826 est venue apporter aux substitutions des modifications profondes.

Les substitutions avaient été maintenues dans nos Codes, exceptionnellement et dans le but de favoriser à la fois la puissance paternelle et les petits enfants. Mais les substitutions étaient restreintes à un degré ; de plus, les donateurs ou testateurs ne pouvaient disposer qu'à la charge de remettre à tous les enfants indistinctement, tandis que d'après la loi de 1826, que nous allons faire connaître, plus de latitude est donnée au testateur et les substitutions paraissent dévier complètement du but que s'étaient proposé les législateurs du Code civil. — Voici l'article unique de la loi du 17 mai 1826 :

Article unique : « Les biens dont il est permis de disposer, aux termes des articles 913, 915 et 916 du Code civil, pourront être donnés en tout ou en partie par acte entre vifs ou testamentaires, avec la charge de les rendre *à un ou plusieurs enfants* du donataire nés ou à naître, *jusqu'au deuxième degré* inclusivement. — Seront observés, pour l'exécution de cette disposition, les art. 1051 et suivants du Code civil, jusques et y compris l'art. 1074. »

D'après cette loi, comme on le voit, les biens peuvent sortir de la famille du donateur ; de plus, les biens peuvent être remis à *un* ou plusieurs enfants du donataire, tandis que le Code obligeait le grevé de remettre à tous les enfants indistinctement. Enfin, il y a deux degrés au lieu d'un.

De ces quelques rapprochements il résulte que la loi de 1826

étaient conçue en vue du principe aristocratique que le gouvernement voulait à cette époque reconstituer fortement. — Cette loi
était une tentative pour arriver à ce but, tentative évidente si on
la rapproche de la loi sur le droit d'aînesse présentée en 1827
et non adoptée.

SECTION IV.

DES MAJORATS.

Nous venons de voir les exceptions apportées au principe
que les substitutions sont prohibées, ajoutons encore *les majorats*
à ces exceptions.

Un majorat est une substitution perpétuelle au profit de l'aîné
mâle. — Si on en recherchait l'origine, on la trouverait peut·
être sous les premières races, à l'époque où les rois distribuaient
à leurs fidèles, pour prix de leur dévoûment, des biens qui
appartenaient au fisc, lesquels biens dans la suite prirent un ca ·
ractère héréditaire.

La loi du 12 mai 1835 prohibe toute institution de majorat
pour l'avenir (art. 1ᵉʳ). Ceux actuellement existants ne pourront
s'étendre au-delà de deux degrés ; l'institution non comprise (2),
le fondateur d'un majorat pourra le révoquer ou en modifier les
conditions, à moins qu'il n'ait été contracté un mariage dont il
reste un enfant (3), et quant aux dotations soumises au droit de
retour en faveur de l'état, elles continueront à être possédées ou
transmises, conformément aux actes d'investiture et sans préjudice des droits d'expectative ouverts par la loi du 5 décembre 1814.

Il serait superflu de montrer que la loi sur les majorats avait
pour but non-seulement de récompenser des services éclatants,
mais encore de créer dans l'état une espèce d'aristocratie militaire. — Après 1830, il était rationel d'abolir les majorats, mais
il était rationel aussi d'abolir la loi du 17 mai 1826. — Par une
étrange bizarrerie les majorats furent seuls abolis, au moins pour
l'avenir.

TROISIÈME PARTIE.

*Obligations et droits du grevé. — Ouverture des substitutions.
—Droits des appelés.—Droits des tiers.*

SECTION Ire.

OBLIGATIONS DU GREVÉ.

Les obligations du grevé sont de différentes natures :

1° Il doit faire nommer un tuteur à la substitution , si le testateur ne l'a pas nommé lui-même dans le testament ou dans un
acte postérieur et authentique ; le tuteur doit être nommé dans le
mois du décès ou de la connaissance qu'il a eue de la disposition.
Si le grevé ne fait pas nommer ce tuteur, il sera déchu au profit
des appelés qui pourront jouir de la disposition.

2° Le grevé doit faire faire inventaire des biens du disposant,
à moins qu'il ne s'agisse d'un legs particulier dans les formes
voulues et dans le délai de trois mois ; il y sera procédé si le
grevé n'a pas fait faire l'inventaire dans le mois qui suivra, à la
diligence du tuteur, des appelés ou du ministère public ;

3° Le grevé doit faire vendre les meubles aux enchères, et par
affiches à l'exception de ceux que le disposant l'a chargé de conserver et de rendre, et à l'exception des bestiaux et ustensiles
servant à faire valoir les terres ;

4° La quatrième obligation est de faire emploi dans les six
mois de la clôture de l'inventaire des deniers comptants prove-
nant du prix de la vente des meubles et de ce qui aura été reçu
des effets actifs, sauf prolongation, s'il y a lieu. — Les deniers
recouvrés plus tard, seront employés dans les trois mois.
L'emploi en est fait en présence et à la diligence du tuteur.

5° Enfin, la cinquième obligation du grevé est de rendre la
substitution publique, par la transcription au bureau des

hypothèques de la situation des biens, et pour les capitaux placés avec privilége, par l'inscription de ce privilége.

SECTION II.

DROIT DES TIERS.

Le défaut de publicité peut être opposé par les créanciers et tiers acquéreurs, même aux mineurs et interdits, sauf leur recours contre le grevé et le tuteur à la substitution et sans qu'on puisse opposer la connaissance que les tiers auront eue de la disposition par une autre voie ; mais le défaut de transcription ne peut être opposé par les héritiers et ayant-cause à titre gratuit du disposant. Le grevé mineur n'aura de recours que contre son propre tuteur, intéressé ainsi que le tuteur à l'exécution, à ce que toutes les formalités soient remplies.

Pour compléter ce paragraphe, il nous reste à parler des droits des femmes sur les biens grevés ; il ne peut exister de recours en leur faveur que pour le capital des deniers dotaux et dans les cas où le disposant l'a expressément ordonné.

Disons encore que le grevé, tout en ayant sur les biens un droit de propriété résoluble, ne peut transmettre les biens aux appelés avec les hypothèques qu'il aurait consenties, depuis qu'il est en possession des biens, les vente ou hypothèques sont considérés comme non avenus à l'égard des appelés à l'ouverture de la substitution.

SECTION III

De l'ouverture de la substitution et du droit des appelés.

Les droits des appelés sont ouverts à l'époque où par quelque cause que ce soit, la jouissance du grevé de restitution cessera — L'abandon anticipé de la jouissance au profit des appelés, ne pourra préjudicier aux créanciers du grevé antérieurs à l'abandon.

QUESTIONS.

1. Y a-t-il substitution prohibée si le grevé est chargé de rendre à sa mort ce qui restera de ses biens?— Non.

2. La charge de rendre imposée à l'héritier *ab intestat* constitue-t-elle une substitution prohibée ?— Non.

3. La disposition qui charge de rendre une quantité comme une somme d'argent est-elle nulle ?— Non.

4. La disposition qui charge un successeur universel de rendre un corps certain est-elle nulle ? Non.

5. La disposition est-elle nulle si les termes employés conviennent également à la substitution vulgaire et à la substitution fideicommissaire ?—Non.

6. Le don de l'usufruit à plusieurs personnes avec accroissement au profit du survivant est-il une substitution prohibée ?— Non.

7. Les descendants du donataire à quelque degré que ce soit, peuvent-ils être appelés à recueillir et être grevés eux-mêmes de substitution, au profit de descendants d'un degré quelconque, pourvu que la transmission par l'effet de la substitution n'ait pas lieu plus de deux fois ?— Oui.

8. La substitution peut-elle être faite à la charge de remettre les biens donnés à celui des enfants que le légataire ou le donataire voudra choisir ?— Oui.

9. Le grevé peut-il être déchu pour abus de jouissance ?—Non.

10. Les appelés qui acceptent purement et simplement la suc-

cession du grevé peuvent-ils évincer les tiers-acquéreurs de biens grevés de substitution ?—Non.

13. La déchéance contre le grevé qui n'a pas fait nommer un tuteur, est-elle comminatoire ?—Oui.

14. Les appelés ont-ils hypothèque légale sur les biens du tuteur ?—Non.